JN217937

気持ちを
「言葉にできる」
魔法のノート

梅田悟司

日本経済新聞出版社

プロローグ

僕には悩みがある。

自分が言おうと思ったことが、なかなか言葉にならないんだ。

たとえば、お母さんと話をする時、今日あったことを話そうとしても、うまく話せないことがある。怒られた時に言い返そうとしても、頭のなかがぐしゃぐしゃになって泣いてしまうこともある。

学校でもそうなんだ。授業中に「あっ、わかった！」と思って手をあげる。だけど、先生に指されると、わかっていたはずなのに、みんなの前で話せると思ったはずなのに、最初の一言が出てこない。そして、しゃべりはじめても、途中で何を言っているのかがわからなくなってしまう。

友達と話をしていてもそうだ。自分の意見を言おうとしても、うまく話すことができない。だから、わかってもらえない。からかわれることだってある。みんなすらすらと話せるのに、どうして僕だけ……。

僕はそんな自分のことを、あんまり好きじゃない。「どうしてそんなこともできないんだ！」って、嫌(きら)いになることもある。

『なるほどね。その気持ち、よくわかるなぁ』

後ろのほうから声がした。びっくりして振(ふ)り返ると、目の前に、小さな青い鳥がいた。

「誰(だれ)なの？」

でも、その鳥は、返事をしてくれない。

「どうして僕の気持ちがわかるの？　誰にも話していないのに」

僕がそう話しかけると、にっこりと微笑(ほほえ)みながら答えてくれた。

『ふふふ、僕は君のようにうまく話せない子を見ていると放っておけなくってね』

すると、ばさっと羽を広げて軽(かろ)やかに空に舞(ま)い上がり、僕の肩(かた)の上にちょこんと乗った。そして、自分のことを話しはじめた。

『驚(おどろ)かせてしまってごめんよ。僕の名前は、コトバード』

「コトバード？」

『そう、言葉の妖精(ようせい)さ』

「言葉の鳥だから、コトバードってこと？」

『その通り。もしも君が本当にいまの自分を変えたいと思っているなら、少しの時間、僕と話をしないかい？　言葉って何なのかについて、一緒(いっしょ)に考えてみようよ』

僕は思った。

言葉の鳥かコトバードか知らないけど、こんな鳥と話したところで、僕の悩みが消えるはずなんてない。そんな簡単な問題じゃないんだ、ってね。

『なるほどね。その気持ちも、よくわかるなぁ』

「あっ、まただ！　僕はなんにも話していないのに！　コトバードは僕の気持ちが読めるのかい？」

『僕は君の気持ちを読む超能力(ちょうのうりょく)なんて持ってないよ』

コトバードは、ちょうど僕の目線と同じ高さにあった木の枝に飛び移ると、まっすぐ僕を見て、自信たっぷりに話を続けた。

『僕が読んでいるのは、心じゃない。君のなかにある言葉なんだ』

「僕のなかにある言葉？」

僕はコトバードが何を言っているか、さっぱりわからなかった。

心じゃなくて、言葉？　しかも、僕のなかの？

『そうさ、いま君が考えていることの１つひとつが、言葉なんだ。つまりね、君のなかにも僕がいるってことさ』

「僕のなかにもコトバードがいる……？」

『そう、君のなかにも言葉がある。外に出る前の言葉がね』

「外に出る前の言葉……」

僕はいつの間にか、自然とコトバードと話をしていた。

僕のなかにも言葉がある。しかも、外に出る前の言葉が。

わかるような、わからないような感じがする。でも、僕はなぜか、はじめて会ったばかりのコトバードと話を続けたくなったんだ。そしてちょっとだけ期待（きたい）していた。もしかしたら、コトバードが僕の悩みを解決するヒントをくれるんじゃないかって。

登場人物（とうじょうじんぶつ）

僕
boku

思ったり、考えたりしたことを
人に伝えるのが苦手な男の子。
自分が言おうとしたことが
なかなか言葉にならなくて
悩んでいる。マジメな性格で
自分にあまり自信がない。

コトバード
kotobird

僕の前に突然現れた青い鳥。
言葉の鳥（バード）だから
コトバード。
吹（ふ）き出しの形をしており、
言葉が苦手な子を見ていると
放っておけなくなってしまう。

目次

言葉には2つの種類がある

第2章 思いを育て、言葉にする

考えぬかれた言葉は、君の強い味方になる

第1章

言葉には2つの種類がある

1
「言葉は大事」ってホントなの？

「じゃあ、コトバード、教えてよ。言葉が上手（じょうず）になる方法を」

僕はコトバードの目を見て、こう言った。

もしも、もっと言葉が上手になったら。

自分の気持ちを表現できるようになったら。

こんなに悲しい気分になったり、落ち込んだりすることもない。自分にイライラすることだってなくなるはずだ。

『うんうん、そうだよね。その方法を知りたいよね。でも、大事なことを言っておくね』

「大事なこと？」

『そう。それは、**言葉が上手になる必要なんてないってことさ**』

言葉について教えてくれるっていうのに、言葉が上手になる必要なんてない!?　僕はちょっとイライラしてしまった。

そうかわかったぞ。コトバードもその方法を知らないんだ。答えられないから、逃（に）げているんだ。

「なんだ、コトバードも言葉が上手になる方法を知らないんだね」

その言葉を聞くと、コトバードはやさしい声で語りはじめた。

『じゃあ、逆に質問させてもらうね』

「うん、いいけど……」

『言葉が上手になったら、どうしたいの？』

「たとえば、友達と話をしていてもすぐに自分の気持ちを伝えることができるだろ。あとは、授業中に先生に指されても、さっと答えられる。お母さんやお父(とお)さんに今日あったことをわかりやすく話すことだってできる。ほら、いいことばかりじゃないか」

『それはいいことばかりだね。でも、やっぱり君が困っているのは言葉そのものじゃないね』

「そんなことはないよ！　言葉を上手に使えるようになりたいんだ！」

『その気持ちもよーくわかる。だけど、**本当に鍛(きた)えないといけないのは言葉じゃない。自分の気持ちを知ることなんじゃないかな？**』

「言葉じゃなくて、自分の気持ち？」

『そうさ。だって言葉で伝えたいのは、自分の気持ちなんでしょ？』

「確かにそうだけど……」

僕は昔のことを思い出しながら、ゆっくり考えた。

そう言われれば、言葉につまってしまうのって、自分が何を考えているかわからなくなってしまった時だった気がする。

話している途中で頭のなかがぐしゃぐしゃになって、自分が何を言いたかったのかがわからなくなってしまったり。何かを話そうと思っていたのに、急に頭が真っ白になってしまって、言葉が出てこなかったり。

そうか。その時、問題だったのは言葉じゃない。自分の気持ちだったんだ！　言葉で伝えるのは、自分の気持ちなんだから！

『そう、大事なことに気がついたね』

「まただ！　そうやって僕の心を読むの、やめてくれないかな！」

『さっきも言ったけど、僕には人の心を読むような力はないんだ。僕が読んでいるのは、君のなかにある言葉だよ』

「それはさっきも聞いたよ。でもさ、僕のなかにある言葉って、どういうこと？」

『うん、じゃあ１つ目の大切なことを伝えよう。それは、**言葉には２つの種類があるってことなんだ**』

「言葉には２つの種類がある？」

『そう。１つ目は「外に向かう言葉」、そして２つ目は「内なる言葉」さ』

「内なる言葉？　そんな話、聞いたことないよ。先生だって言ってなかった」

『そうだね、学校では教えてくれないかもしれない。だけど、君のなかには確実に「内なる言葉」が存在している。大事にしないといけないのは「外に向かう言葉」じゃなくて、この「内なる言葉」なんだ』

「ふーん、そうなんだ……」

コトバードは自信たっぷりに話している。その姿を見ていると、もしかして本当のことを言っているんじゃないか、信用してもいいんじゃないか、って思うようになっていた。

『じゃあこれからこの2つの言葉である「外に向かう言葉」と「内なる言葉」について、少し詳しく話していこうか』

「うん、まだ全然わからないから」

『そうだよね、まだ理解できなくても、心配したり不安になったりしなくてもいいよ。少しずつわかればいいんだから』

言葉には2つの種類がある

2

普段(ふだん)使っているのは「外に向かう言葉」

『じゃあまずは「外に向かう言葉」について説明しよう。きっとこの外に向かう言葉はわかりやすいはずだよ』

「外に向かう言葉って、いったい何なの？」

『まぁ、そんなに焦(あせ)らないで。まず、君がいま話している言葉は外に向かう言葉だね』

「僕が話している言葉？」

『そう。だって君から僕へ、つまり、君のなかから外に向かっているだろ？』

「じゃあ、コトバードが僕に話しているのも、外に向かう言葉なの？」

『その通り、よくわかっているね。外に向かう言葉には、話すほかにもいろんな種類があるんだけど、どういったものがあると思う？』

「自分のなかから外に向かう言葉だから……。書くとか？」

『すごいじゃないか。そうさ、書くことは、自分のなかから外に出しているもんね』

「インターネットで検索したり、友達にメールを打ったりするのも外に向かう言葉？」

『その通り。打ちこむ言葉も自分のなかから外に出ている』

「でもさ、それが言葉なんじゃないの？」

『確かに話したり、書いたり、打ったりするのは言葉だ。でもそれは言葉の一部でしかない。それが大事なポイントなんだ』

僕はコトバードが言う外に向かう言葉が、言葉そのものであると思っていた。

話をしていても、うまく言葉が出てこない。文章を書いていても、頭がグルグルして途中で止まってしまう。メールを打つ時だって、どうやって書けばいいか何度も書いたり消したりしながら時間ばかりが過ぎてしまう。それが言葉だと思っていた。

『じゃあ、ちょっと考えてほしい。外に向かう言葉には、どんな役割があると思う？』

「自分の気持ちを伝えることでしょ？　友達や先生、お母さんやお父さん。自分ではない人に」

『大事なこと、わかっているじゃないか！』

「そんなの当たり前だよ」

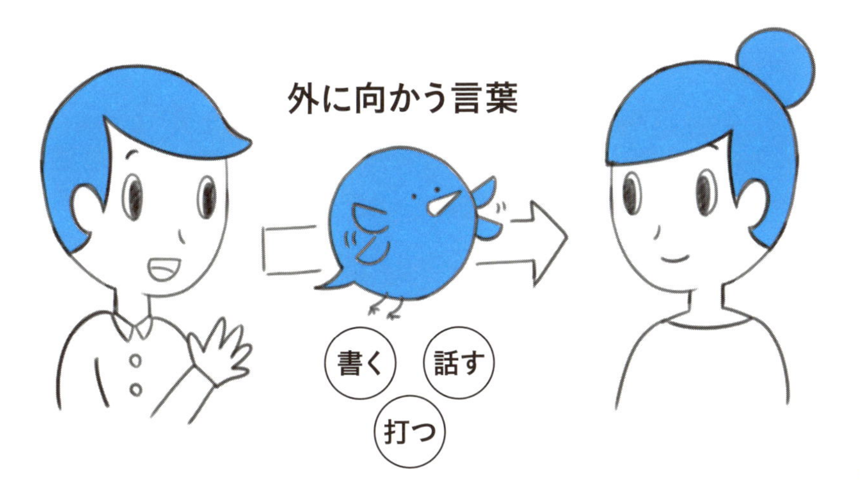

『いや、それは当たり前のことじゃない。言葉は自分の気持ちを伝える道具であるって気づいているんでしょ？』

「まぁね、何となく……」

『君の言う通り、**外に向かう言葉は、自分の気持ちを伝えるための道具だ。でも、道具でしかない、とも言える。**それでも君は、言葉は大事だって思うかい？』

　僕はずっと言葉は大事だと思っていた。言葉をうまく使いたいと思っていた。だって、言葉が上手（じょうず）じゃないと、誰（だれ）にも何も伝わらないから。

　でも、コトバードが言うように、外に向かう言葉そのものよりも、もっと大事なものがあるような気がしてきた。

　そう、それは自分の気持ちだ。

『さっき僕は、言葉は大事じゃないと言ったね。でもそれは、外に向かう言葉は大事じゃないってことなんだ。だって君は、外に向かう言葉のことを、言葉って考えていたでしょ？』

「うん。外に向かう言葉のことを、言葉だと思ってた」

『じゃあ、もう１つの言葉について話をしようか』

「内なる言葉だっけ？」

『そう、内なる言葉。外に向かう言葉は普段（ふだん）から話したり書いたりして使っているから、わかりやすいと思う。だけど、この内なる言葉は無意識のうちに使っている言葉だから、ちょっと理解しにくいかもしれないな』

「無意識のうちに？」

『そうさ、何となく使っている。言い方をかえれば、当たり前のように使っているからこそ、気づかないとも言えるかな』

「僕も使っているのかなぁ、内なる言葉を」

『うん、使っているとも。だって僕が読んでいるのは、君の内なる言葉なんだから』

僕が当たり前のように使っている内なる言葉って何だろう？

そして、本当に僕のなかには内なる言葉はあるのだろうか？

でもなんだか、外に向かう言葉はそんなに大事じゃないってことは、少しだけわかったような気がする。

いつの間にか、僕はコトバードの話の続きを早く聞かせてほしいと思うようになっていた。

3

君のなかには「内なる言葉」がある

『では、もう1つの言葉である、「内なる言葉」について説明を続けていこう。この内なる言葉は君のなかにある言葉さ』

「僕のなかに言葉があるっていうのがわからないんだよね」

『いまはそうかもしれないね。じゃあここで1つ質問をさせてもらおう。君は何かを感じたり、考えたりする時、どうしてる？』

「あまり意識したことないなぁ……。感じたなら感じるだけだし、考えるのも考えるだけ……」

『なるほどね。じゃあ、これから、「考える」っていうことが何なのかを考えてみようか』

「考えるを考える？」

『そう、そこに内なる言葉のヒントが隠されているんだ』

考えるを考える。

僕はそんなことを考えたことがなかった。

だって、何かしないといけないことがあったら、頭を使って「こうしよう」って考えてみるわけだし。先生やお母さんから「よく考えなさい」って言われた時も、「うーん」って考えてるし。

『うーんって考えてるんだ』

「そろそろ、そうやって僕の心を読むの、やめてくれないかな？」

『繰り返しになるけど、僕は君の心を読んでいないよ。君のなかにある内なる言葉に耳を傾けているんだ。いま君は考えることを考えていたね。自分のなかにある言葉を使いながら』

「言葉を使いながら考えていた？　うーん、わかるような、わからないような……」

『じゃあ、「あ、これが内なる言葉か！」って、感じられるような実験をしてみよう』

「実験？」

『そう、実験さ。なんだか楽しそうでしょ？』

「まぁね」

『じゃあ、この写真を見てごらん』

写真：アフロ

『なんて思った？』

「猫だっ！　かわいい！」

『それが内なる言葉さ。「猫だっ！」「かわいい！」って言葉が、君のなかに生まれたよね？』

「そう言われれば、そうかもしれない」

『**みんな、心のなかに浮かんだ気持ちを、「思った」「感じた」で止めてしまっているんだ**』

「止めてしまっている？」

『そう。本当は、心のなかに内なる言葉が生まれているはずなのにね。**「思った」「感じた」から、「内なる言葉が生まれた」に進んでみることが重要なんだ。**では、次はどうかな？』

写真：古見きゅう／アフロ

「おいしそう！　食べたい！」

『今度は、「おいしそう！」「食べたい！」っていう内なる言葉が生まれたかい？』

「うん、生まれた気がする」

『その調子だ。「思った」や「感じた」の一歩先に行ってみよう』

「なんだか楽しくなってきた」

『じゃあ、次からは写真を見て浮かんだ内なる言葉を、書き出してみよう。書かなくても、口に出してみるだけでもいいよ』

写真：古見きゅう／アフロ

写真を見て浮かんだ内なる言葉を、書き出してみよう！

写真：富井義夫／アフロ

写真を見て浮かんだ内なる言葉を、書き出してみよう！

写真：アフロ

写真を見て浮かんだ内なる言葉を、書き出してみよう！

写真：アフロ

写真を見て浮かんだ内なる言葉を、書き出してみよう！

写真：前嶋貞男／アフロ

写真を見て浮かんだ内なる言葉を、書き出してみよう！

写真：アフロ

写真を見て浮かんだ内なる言葉を、書き出してみよう！

『だいぶ慣(な)れてきたんじゃないかな。いま君が書いたり口に出したりしたものが、君のなかに生まれた内なる言葉さ』

「そう言われれば、確かに僕のなかには内なる言葉があったよ。いままで全然気づかなかったけど！」

『**内なる言葉は、その存在に気づけるかどうかが大事なんだ。**いま君は内なる言葉に気づけたんだから、大きな一歩を踏み出したことになると思うよ』

「そ、そうなのかなあ……」

『いや、誰がなんて言おうと大きな一歩だよ。思った、感じたで止めることなく、内なる言葉が生まれたと気づけた。それがとても大事なんだからね』

「ねぇ、質問していい？」

『もちろん』

「思ったり感じたりする時に、内なる言葉が生まれたりするのはわかった。でも、さっきの写真を見ながら、内なる言葉を書いたり口に出したりしたら、外に向かう言葉になった。これって、どういうことなの？」

『とてもいいことに気づいたね。君が言うように、内なる言葉と外に向かう言葉はつながっているんだ』

「つながってる？」

『そう、２つの言葉はつながっている。君のなかでね』

あっ！
内なる言葉が
生まれた！

4

2つの言葉はつながっている

『まず、いままでの話を復習してみよう。言葉には2つの種類があると言ったね。それは何と何だっけ？』

「外に向かう言葉と内なる言葉」

『そう。外に向かう言葉は、話したり、書いたりする時に使う言葉だったね』

「自分の外に出ていく言葉だもんね」

『内なる言葉は、どんな時に生まれるんだっけ？』

「思ったり、感じたり、考えたりする時」

『そう。思った、感じた、考えた、で止めない。内なる言葉が生まれたと意識するといいんだったよね』

「で、その2つはつながっているんでしょ？」

『その通り。僕たちが使っている言葉は、感じたり、考えたりしたことを伝えるための道具にすぎない。そういう意味では、**内なる言葉が生まれて、その内なる言葉が外に向かう言葉になっていくのは、とても自然なことかもしれないね**』

「何も言いたいことがなければ、何も話せないもんね」

僕がそう言うと、コトバードはうれしそうな顔をして、僕の目を見つめた。そして、目をキラキラさせながら口を開けた。

『いまとても大切なことに気づいたね。昔、本当にずっと昔、プラトンという哲学者（てつがくしゃ）がいた。彼は君とまったく同じことを言っている。

賢者（けんじゃ）は、話すべきことがあるから口を開く。
愚者（ぐしゃ）は、話さずにはいられないから口を開く。

これは、いま君が言っていたこととまったく同じなんだ！』

「プラトン？　知らないなぁ」

『古代ギリシャ最高の哲学者と呼ばれた人さ。考えることの天才と呼んでもいいかもしれない』

「ふーん、でもずっと昔の人が言ったことなんでしょ？」

『そうかもしれない。でも、君はいま、自分の頭でプラトンと同じことを考えられたんだ。だから、自信を持っていいと思うよ』

「なんか照れるな……」

『そこまでわかってるんだから、本当に大事なものは何かもわかるよね？』

「うん。大事なのは内なる言葉だ。だって、それが僕の気持ちそのものなんだから」

『じゃあ最初の話に戻（もど）ってみよう。「言葉は本当に大事なのか」って話をしたよね？』

「コトバードは、言葉はそんなに大事じゃないって言ってた」

『そう、僕はそう言った。でも、君はいま言葉には2つの種類があることを知っている。じゃあ……』

「そうか、**コトバードは外に向かう言葉は大事じゃないって言ってたんだ！　本当に大事なのは、内なる言葉なんだから！**」

『その通りさ！』

　コトバードは勢いよく青空へと飛び立った。そして、『その通りさ、その通りさ、その通りさ──！』とうれしそうに声を出しながら、大きく円を描いた。

『大事なのは、内なる言葉。つまり、君の気持ちそのものなんだ。誰かに何かを話す前の、何かを伝えるために書く前の、まだ形のない言葉。そこに自分で気づけるなんて、僕はうれしくてしかたないよ！』

「ありがとう、なんだか僕もすごい発見をした気がしてきたよ」

『**内なる言葉と外に向かう言葉は、料理で説明するともっとわかりやすくなる**』

「料理？」

『内なる言葉は素材（そざい）や材料（ざいりょう）、外に向かう言葉は調理された後のできあがった料理だ。じゃあ、質問しよう。おいしい料理をつくりたいなら、どうすればいいと思う？』

「料理のつくり方を習う、かな」

『でも、その前にできることがあるよね？』

「えーと、そうか。いい素材を準備すればいい」

『そうだね。いい素材がそろっていたら、よけいな味つけをしなくても、おいしい料理をつくることができる。でも、素材が悪かったら……』

「濃い味つけでごまかすしかないね。あっ！」

僕はまた気づいてしまった。いい内なる言葉があれば、外に向かう言葉は自然といいものになるってことを。

『**いい素材があれば、ちょっと手を加えるだけでおいしい料理ができる。その逆なら、味つけを濃くしたり、見た目をよくしたりして、ごまかす必要がある。それは言葉でも同じことなのさ**』

5
「内なる言葉」をどんどん育てよう

『じゃあ、次に君がやるべきことは何か、わかるかい？』

「内なる言葉を意識して、外に向かう言葉を使えばいいんじゃないの？」

『もちろんそれだけでも十分（じゅうぶん）さ。でもね、外に向かう言葉の力をもっともっと強くするためにできることがある。それは、内なる言葉を育てることなんだ』

「育てる？」

『そう、育てる。いま君のなかにある内なる言葉は、まだ小さくて、弱いかもしれない。別の言い方をするならば未熟（みじゅく）な状態とも言える』

「僕のなかのコトバードは、生まれたばかりってこと？」

『そうだね。じゃあ、ここで想像（そうぞう）してみてほしい。まだ生まれたての内なる言葉しかない場合、外に向かう言葉はどうなると思う？』

　僕は自分のなかにコトバードがいると思って、目を閉じて想像してみた。

　僕のなかにいる内なるコトバードは、まだまだ生まれたばかり。そうしたら、外に向かうコトバードは、力強く羽ばたくことも、遠くへ飛ぶこともできない。つまり、相手の元に届かない。

「そうか、わかった！」

コトバードは、僕の目を見てにっこりと笑っている。そう、コトバードは、僕の内なる言葉を読んでいるから、僕の気持ちをお見通しなんだ。

『**内なる言葉が育っていない状態では、外に向かう言葉に力がないのは当然だよね。**相手に届かないこともあれば、ふらふらして風に飛ばされてしまうことだってある』

「僕がめざすのは、その逆だ」

『**内なる言葉に気づくことができたならば、今度は内なる言葉の数と種類を増やすことで、内なる言葉を育てていけばいいんだ**』

「僕の心のなかで、コトバードを育てていく。やせっぽちのコトバードから、まるまる太った力強いコトバードに！」

『そういうことさ！　太り過ぎると飛べないかもしれないけどね』

僕とコトバードは友達のように笑っていた。

『僕を君のなかで大切に育ててほしいんだ。そうすれば、僕はどこ

内なる言葉が育っていないと……

にだって飛んでいけるんだから』

僕は静かに、だけど、しっかりうなずいた。

「楽しみだなぁ。僕のなかにいる内なるコトバードが、大空の彼方（かなた）へと飛んでいく外に向かうコトバードになるんだから。それこそ、海の向こうにだって飛んでいける気がするよ」

『日本を一歩出ると、日本語ではない言葉でみんな話しているよね。だから、日本語だけじゃなくて、英語も勉強したほうがいいと考えられている』

「学校でも英会話の授業があるよ」

『もちろん英語も大事さ。たくさんの言葉を使えれば、多くの人と話したり、連絡（れんらく）を取り合うことができるからね。でも……』

「その言葉は、外に向かう言葉でしかないよね？」

『そう。どんなにたくさんの言葉を使えても、伝えたいことがなければ意味がない。その伝えたいことこそが、内なる言葉なんだ』

「僕にもあるのかな、伝えたいことが……」

内なる言葉が育っていると……

『大丈夫、必ずあるさ。今日はもう遅く（おそ）なってしまったから、ちょうど1週間後の同じ時間に、ここでまた話をしないかい？　内なる言葉の育て方について、詳しく話そう』

「うん、わかった。ありがとう、コトバード」

辺り（あた）を見回すと、空はうっすらとオレンジ色に染まっていた。

はぁ、きれいだ……。

次の瞬間（しゅんかん）、僕は気がついた。僕の頭のなかに「はぁ、きれいだ」という内なる言葉が浮かんでいることを。いままではまったく気がつかなかったのに。

家に帰る途中、家に帰ってから、ご飯を食べている間、僕の頭のなかには新しい内なる言葉がどんどん浮かんでいた。

「あっ、虫だ」「信号が黄色だ、止まらなきゃ」「今日は疲（つか）れたなぁ」「ハンバーグだ、うれしい！」

それは、おふろに入っている間も、寝（ね）る前も同じだった。

「ふぅ、あったかい」「今日は髪（かみ）を洗わなくていいかな」「さて寝よう」「今日はゆっくり眠（ねむ）れそうだな」

僕はずっと不思議な気分だった。だって、自分のなかにこんなにもたくさんの言葉があふれているとは知らなかったのだから。

もしかしたら、コトバードと出会ったことや話したことは夢だったのかもしれない。でも、僕が内なる言葉に気づけたのは本当だ。来週になったら、内なる言葉の育て方を教えてもらおう。そうしたら僕の言葉も、もっともっと遠くへ飛んでいけるようになるはずだから。

言葉には、「外に向かう言葉」と「内なる言葉」がある。

2

外に向かう言葉は、普段使っている、
話したり、書いたりする言葉。

内なる言葉は、何かを感じたり、
考えたりする時に頭に浮かぶ言葉。

2つの言葉はつながっていて、外に向かう言葉の前に、
内なる言葉を育てていく必要がある。

内なる言葉を育てよう!①

内なる言葉を育てよう!②

コトバードの仲間たち

きょうは
ボクの仲間たち
を紹介するよ。

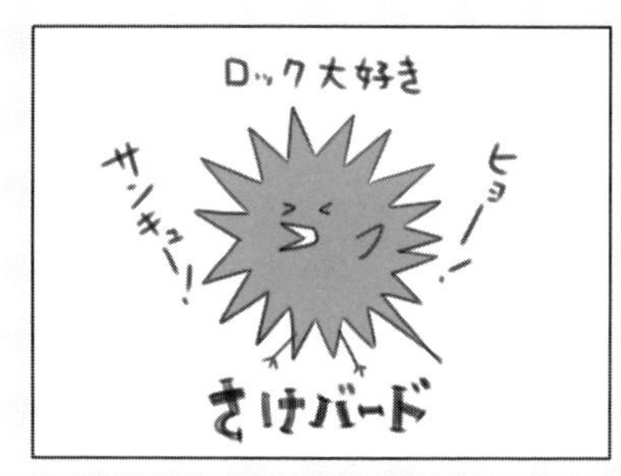
ロック大好き
サンキュー!
ヒョー!
さけバード

いつもゴキゲン
ルンルン
フフーン!
ワクワクバード

いつも不安な
大丈夫かなあ…。
うーん。
フアンバード

しずかに考え中の
かんがえバード

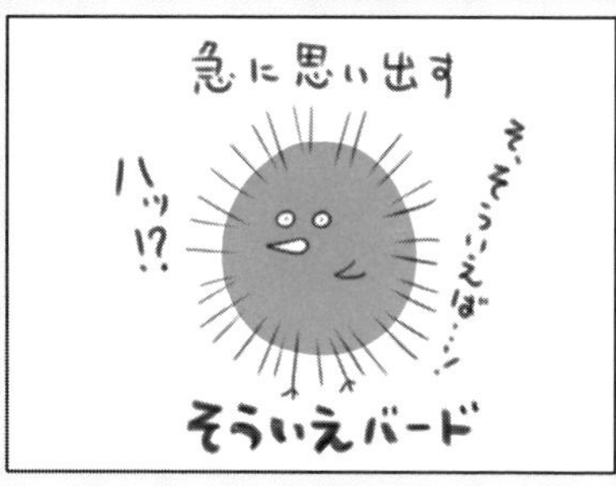
急に思い出す
ハッ!?
そ、そういえば…
そういえバード

おどろきまくりの
わあっ
ビックリしたー!
ビックリバード

よろしくね!
ガヤガヤ
わいわい
わー

第2章

思いを育て、言葉にする

1
「言葉にできる」には3つのステップがある

コトバードとの約束の日は、すぐにやってきた。

僕は、あの日から自分の頭のなかで起こっていることを、コトバードに話そうと思っていた。

何となく思ったり、考えたりしているんじゃなくて「内なる言葉が生まれた」って感じられるようになったこと。そして、いままでよりも、自分が考えていることを言葉にできるようになった気がすること。人と話す時、ちょっとだけ不安がなくなってきたこと。

だって、内なる言葉を外に向かう言葉にすればいいだけなんだから。

そんなことを思いながら、いや、頭のなかで内なる言葉を確認しながら約束の場所へ向かっていた。

『やぁ、ちゃんと来てくれたんだね』

「うん、もちろんだよ。約束したろ?」

『覚えていてくれてありがとう。あの日から1週間がたったけど、僕の話は少しは役に立っているかな?』

「もちろんだよ、だって……えーと……」

僕は少し戸惑(とまど)った。さっきまで言おうと思っていた言葉が出てこなかったからだ。

　内なる言葉を意識していたのに。コトバードに会って話すことを考えていたのに。でも、何から話せばいいかわからなくなっていた。

　あぁ、まったく……。僕はどうしていつもこうなんだろう！

『そんなふうに落ち込む必要はないよ』

「コトバード……」

『君がここに来るまでに考えていたこと、僕はきちんとわかっているから』

「でも、考えているだけじゃ意味ないよね？　言葉で伝えないと誰にもわかってもらえないから」

『それはそうかもしれない。でもね、僕はわかっているよ。君のなかに何もないわけじゃないってことを。君のなかに内なる言葉があるってことを』

「そう言ってくれるとうれしいよ。ありがとう」

『じゃあ今日は、内なる言葉を外に向かう言葉に変える方法について、一緒に考えていこうか』

「うん……」

『君がいま、まさに教えてほしいことなんじゃないかな』

「意地悪な言い方をするね」

『ごめんごめん。でも、君のなかにある気持ち、きちんと言葉にしたいんでしょ？』

「もちろんさ」

『じゃあ、早速（さっそく）はじめようか！』

　コトバードは木の枝の上にちょこんと乗って話しはじめた。

『**内なる言葉を外に向かう言葉に変えるためには、3つのステップがある。**その3つを順番に説明していくね』

「3つのステップ？」

『そう。順番に進めていくんだ。**まず1つ目は、内なる言葉を書き出してみることさ**』

「書くだけ？」

『書くだけ。内なる言葉をいったん外に出してあげるんだ。内なる言葉が頭のなかにあるだけだと、いざという時、どんな内なる言葉があったかを忘れてしまったりするよね』

「さっきの僕のことだ……」

『たくさんの内なる言葉がありすぎて、頭のなかがパンパンになってしまうこともあるからね。今日の君のようにね』

「もういいよ、その話は」

『**2つ目は、書き出した内なる言葉を中心に、広げたり、深めたりしてみることさ**』

「広げたり、深めたり？」

『それでどうなるの？　本当にそうなの？　なぜそうなの？　って自分に質問してみるんだ。そうすると新しい内なる言葉が生まれてくる』

「自分に質問してみるんだね」

『そう。誰かと話していることを、ひとりでやってみるのさ。実際にやってみたほうがわかりやすいかな』

「じゃあ、3つ目は？」

『**3つ目は、広げた言葉を使って、外に向かう言葉にしてみるんだ**』

「外に向かう言葉にするのは最後だもんね」

『そうだったね。この前話した料理でたとえると、1つ目は素材をそろえる、2つ目は下ごしらえをする、3つ目は実際に調理するって感じかな』

素材をそろえる、下ごしらえをする、最後に調理する。

コトバードに言いたいことがあったのに伝えられなかったのは、どこがぬけていたんだろう？　僕はそんなことを思いながら、もっと詳しい方法を知りたくてしかたなかった。

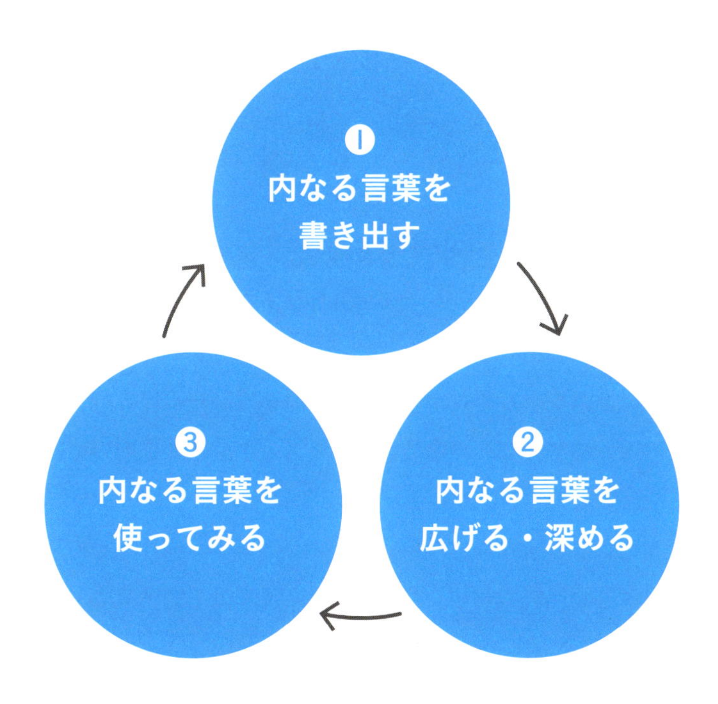

2
テーマを決めて「内なる言葉」を書き出す

『じゃあ、まず1つ目の「内なる言葉を書き出す」について話していこう』

「うん、頭のなかに生まれた言葉を書いてみるんだね」

『大事なのは、何のために書くかなんだ』

「何のために……」

『内なる言葉を書き出す目的さ。どんな目的があると思う？』

「そうだなあ……」

僕は何かを書いている時のことを考えた。授業のノートを取ったり、問題を解いたり、作文をしたり。忘れないように、メモに書いておくこともある。

そうか、忘れないためだ！　せっかく思いついたのに忘れてしまわないように、感じたことや考えたことをノートやメモに書いているんだ！

「考えたことを忘れないためかな」

『なるほどね。忘れないために書いておくことも、大切な目的の1つだよね』

「じゃあ、ほかにも目的があるってことなの？」

『書き出すことには、3つの目的がある。その1つ目は、君が言っていた通り、忘れないように頭の外に出してあげることなんだ』

「そうだよね！」

『すると、外に出してあげることで同じことを考えないで済むようにもなる。君もあるでしょ、頭のなかがグルグルしちゃうこと』

「ある！　いつもグルグルしているよ！」

『だから、いったん頭の外に出してあげる。そうすれば忘れることもないし、同じことを考えてグルグルすることもなくなるよ』

「なるほどね」

『2つ目は、書き出すことで、頭のなかに考える場所をつくることができること』

「考える場所？」

『そう、考える余裕（よゆう）と言ったほうがわかりやすいかな。頭のなかは机みたいになっているんだ。机の上が物でいっぱいになってゴチャゴチャしていると、何も置けなくなってしまう。そうすると、ゆっくりと考える場所が取れなくなっちゃうよね』

「僕の机みたいだ……」

『そこで必要になるのが、頭のなかの机を片付けてあげること』

「頭のなかの机を片付ける」

『その方法こそが、散らかっている内なる言葉を書き出して、外に出してあげることなんだ』

「そうしたら、考える余裕が生まれる気がするね」

『その通り』

僕は頭のなかにある机を想像してみた。

コトバードの言う通り、僕の頭のなかの机の上はいろんなもので散らかっている。これじゃ、落ち着いて考えることはできなそうだ。だからまず机の上を掃除するために、頭の外へと出してあげるのか。

『3つ目は、書き出したすべての言葉を眺めてみるとわかるかもしれないな』

「何がわかるんだろう……？」

『どんなに1つのことを一生懸命考えたとしても、実は、バラバラのことを考えていたってことがね』

「バラバラのこと……」

『そう。実際にやってみればわかるけど、考えるってとっても難しいことなんだ。だから、頭のなかに浮かんだ内なる言葉をどんどん書

き出して、見直してみることが大事なんだ』

「そういうものなのかなぁ」

『じゃあ、いま、やってみたらどうだい？』

「え、いま？」

　すると、目の前にポンッと紙とペンが現れた。

『まずテーマを決めよう。伝えたいことをね。「僕に伝えたいこと」でやってみようか？』

「うん」

『じゃあ、紙の上に「コトバードに伝えたいこと」って書いてみて』

「これでいいの？」

『まずは、頭のなかに浮かんだ内なる言葉をどんどん書いていけばいい』

「え、どうやって？」

『**「コトバードに伝えたいこと」って何だろう？　って、自分に聞いてみるんだ。すると、その質問への答えが返ってくるから**』

「内なる言葉だね」

『そう、あとはその言葉を書くだけさ。**文章じゃなくてもいいよ。単語でも、単語の組み合わせでも。**文章になっていなくたっていい。誰かに見せるわけではないからね』

「うん、わかった」

　僕はペンを動かした。

　内なる言葉の話を聞いてから、頭のなかがちょっとすっきりしたこと。話すことへの苦手（にがて）な気持ちが減ったこと。でも、いざ話そうとすると話せなかったこと。そして、くやしかったこと。この1週間にあった変化から、いままで考えていたことのすべてを。

　すると、コトバードが言っていたように頭のなかがすっきりしてきた。

『うん、いいね。そうやって、いろんなテーマで進めてみるといいよ。説明が終わったらやってみようか』

「たとえば、どんなことでやってみるの？」

『テーマはどんなことでもいいんだよ。

「お母さんに伝えたいこと」

「友達に言いたいこと」

「将来なりたい職業（しょくぎょう）」

「やりたいと思っていること」

「いま悩んでいること」

「不安に思っていること」

「好きな子のこと」なんてどうかな？』

「本当にどんなことでもいいんだね」

『いま考えたいことがいいと思うよ。テーマを決めたら、上にそのテーマを書き込んで、頭のなかに浮かぶ内なる言葉を書き出してみる。たったそれだけさ。簡単でしょ？』

「うん、やってみるよ」

テーマ	コトバードに伝えたいこと

内なる言葉を初めて知った

びっくり！　ふしぎ！

頭のなかがちょっとすっきりした

僕のなかにも言葉があった！

なんかうれしかった

話すことが恐くなくなった

でもうまくいかないこともある

さっきもダメだった　くやしい

話したいことはたくさんあるのに

もしかしたらあせるとダメなのかも

うーん

もっとうまく伝えたい

コトバードと話したい

3
T字型思考法で広げる・深める

『もう十分書けたかな？』

「うん、書き切った気がする」

『自分で書いたものを見直してみて、どういう気分？』

「頭がすっきりして気持ちいいね」

『それから？』

「こんな内なる言葉しかないのかって、がっかりしちゃう」

『そう思っちゃうよね。でもまったく心配いらないよ。**なぜなら、君が書き出した内なる言葉は思いを育てていく出発点なだけだから**』

「出発点？」

『そう。そこに書いてある言葉から広げたり、深めたりするんだ。誰がやったって「こんなのでいいのかな？」って言葉しか出てこないはずだよ』

「そうなんだ。コトバードでも？」

『もちろんさ』

「ならよかった。じゃあ、ここからどうやって広げるの？」

『**T字型思考法さ**』

「T字型……思考法？」

僕は頭のなかにTの文字を思い浮かべた。まっすぐなヨコの線と、その中心から下にのびるタテの線。T字型っていうんだから、このTの形みたいに考えるのかな？　するとコトバードは説明を続けた。

『Tの字の形のように考えていくんだ。こんな図みたいに、真ん中に内なる言葉を置いて、右に、左に、そして下にってね』

「確かにTの文字みたいだ」

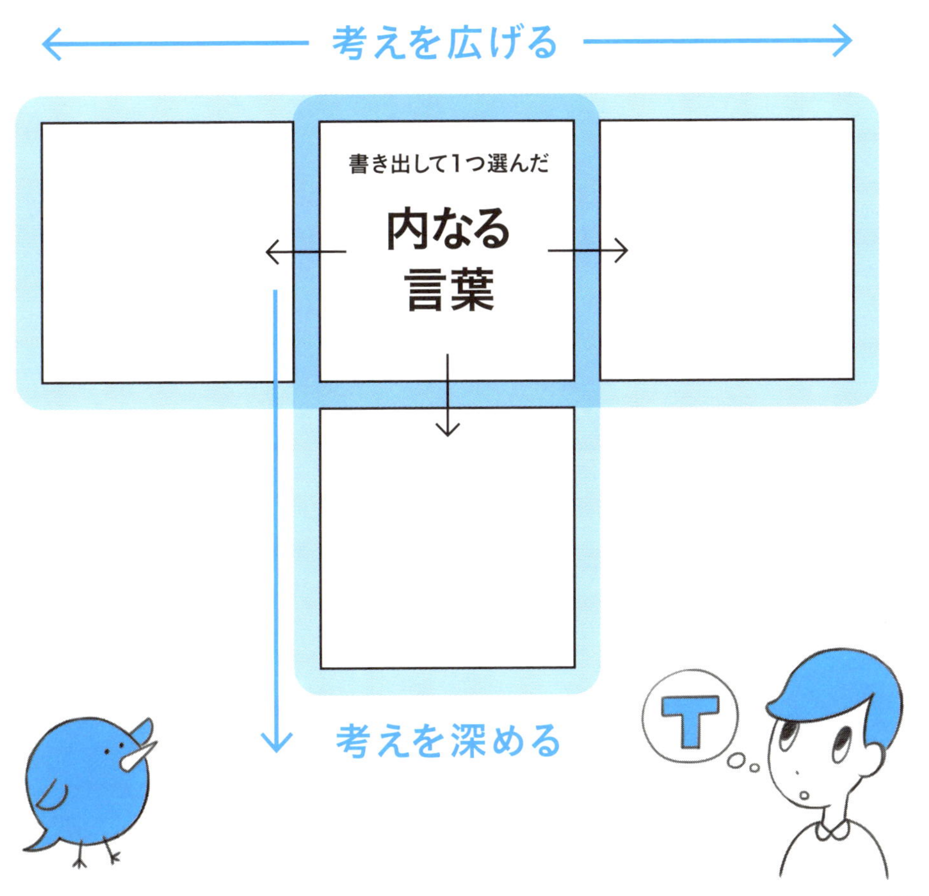

第2章
思いを育て、言葉にする

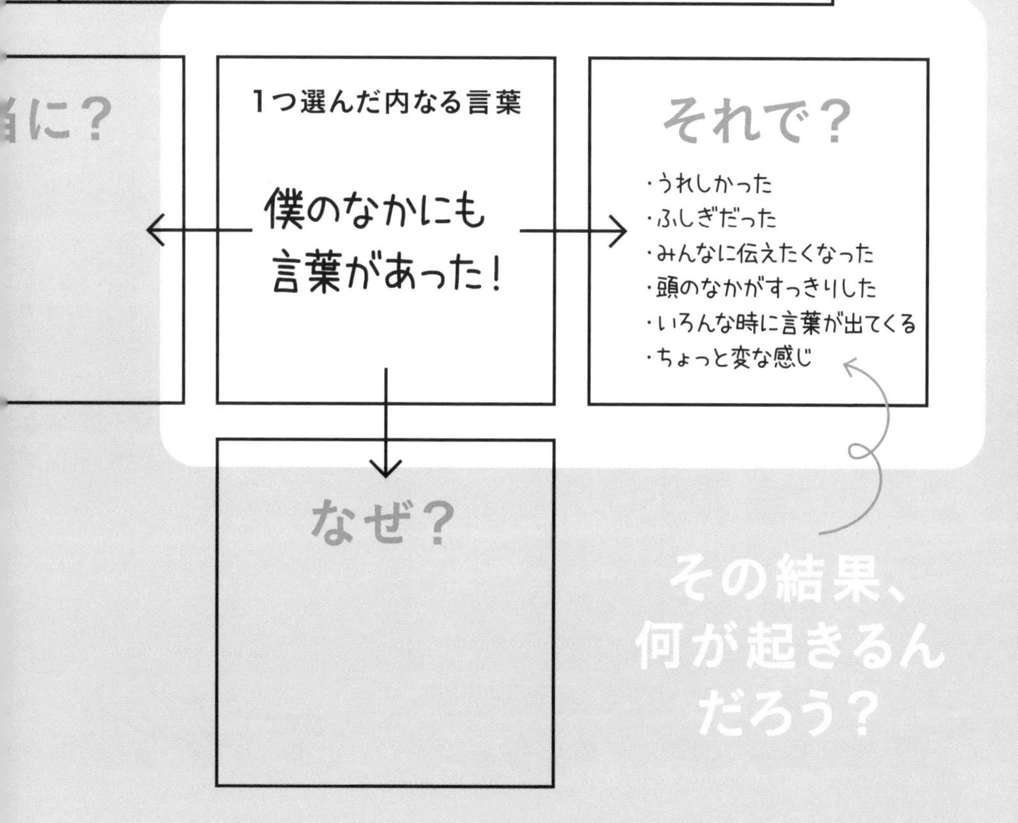
ーマ
コトバードに伝えたいこと
1つ選んだ内なる言葉
僕のなかにも
言葉があった！
当に？
それで？
・うれしかった
・ふしぎだった
・みんなに伝えたくなった
・頭のなかがすっきりした
・いろんな時に言葉が出てくる
・ちょっと変な感じ
なぜ？
その結果、
何が起きるん
だろう？

『まず、最初に書き出した内なる言葉のなかから、これは大事だなって感じた言葉を1つ選んでみてほしい。そして、その言葉を中心に書き込んでみるんだ』

「この言葉が出発点になるんだね」

『その通り』

僕は自分の書いた言葉をもう一度見直してみた。

そのなかには「どうしてこんなことを書いたんだろう」「自分以外の人に見せるのは恥(は)ずかしい」って感じるものもある。でも、そのなかに1つだけ、なんかいいかもって思える言葉があった。

それは「僕のなかにも言葉があった!」だ。

「はい、書き込んだよ」

『じゃあ準備は完了だ。T字型に考えを進めてみるよ、いいね?』

「うん!」

『まず、右側に向かって「それで?」と自分に聞いてみよう。そうしたらきっと、新しい内なる言葉が生まれてくるはずだよ』

「それで?」

『それで、何なの? それで、どうしたいの? ってことだね』

「こういうことかなぁ?」

僕は、右の「それで?」の枠(わく)のなかに言葉を書き出した。

『うん、いいね。自分に質問すると、内なる言葉が生まれる。その内なる言葉を書いていく、という流れを意識してね』

「わかっているんだけど、難しいなぁ」

しばらくすると手が止まってしまった。するとコトバードはやさしく声をかけてくれた。

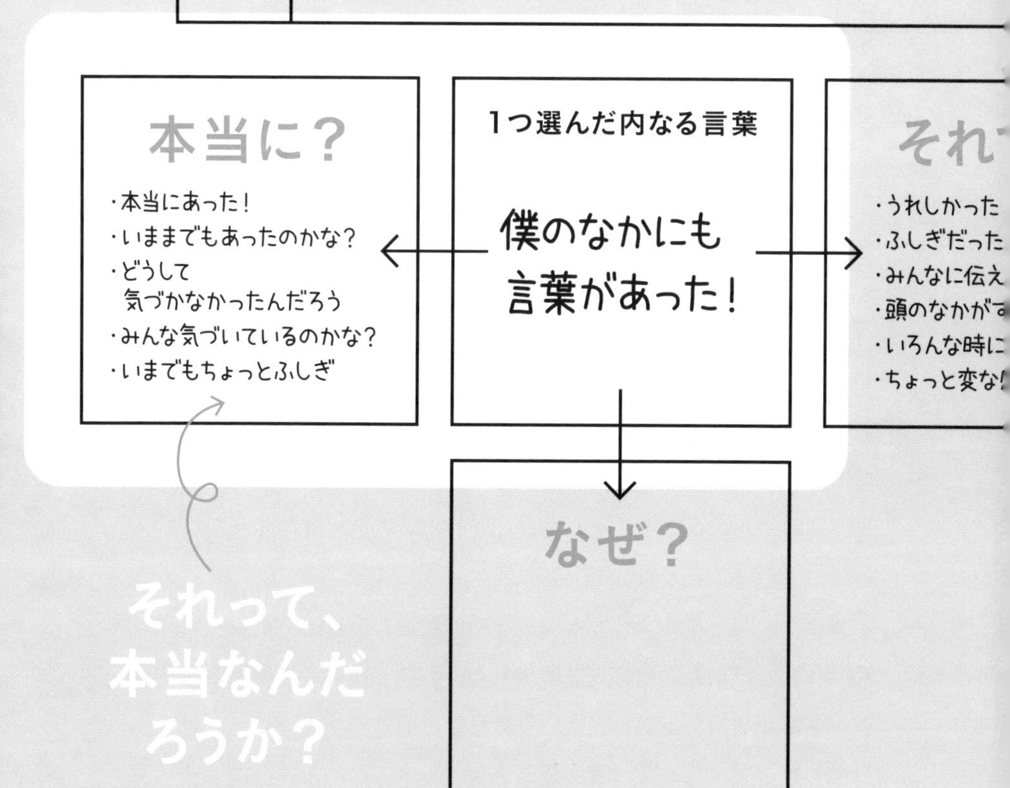
テーマ
コトバードに伝えたいこと
本当に？
・本当にあった！
・いままでもあったのかな？
・どうして
気づかなかったんだろう
・みんな気づいているのかな？
・いまでもちょっとふしぎ
1つ選んだ内なる言葉
僕のなかにも
言葉があった！
それて
・うれしかった
・ふしぎだった
・みんなに伝え
・頭のなかがす
・いろんな時に
・ちょっと変な
なぜ？
それって、
本当なんだ
ろうか？

『こんなこと書いても意味ないかなって思うことも、書いてみるといいよ。マジメな性格の人ほど書けなくなってしまうんだ』

「うん、ここまででも大変だ」

『最初は難しいものさ。でも、何回もやっていけば慣れてくるよ』

「それまでは特訓(とっくん)だね」

『その調子で、左側に向かって「本当に？」と問いかけてみよう』

「疑(うたが)うってこと？」

『そうだね、本当にそうなのかな？　本当にそう思ってるのかな？って自分を疑ってみるんだ』

「自分を疑うなんてやったことないよ」

『やったことがないから、やってみる価値があるんじゃない？』

　自分のことを疑う？　内なる言葉は自分の思っていることなんだから、それを疑うってどういうことだろう。本当に意味があるのかな？僕はそんなことを考えていた。

『本音(ほんね)と建前(たてまえ)って、知ってるかい？』

「聞いたことないなぁ」

『じゃあ、ちょっと説明しよう。人間には本音と建前がある。本音は本当の気持ちで、建前は本当の気持ちではないんだけど、「こう言ったほうがいいかな」と思って話す気持ちさ』

「本当じゃない気持ち……」

『その場の空気を読んで本心ではないことを言ったりすること、あるでしょ？』

「あるある、すっごくある」

『君のようにマジメな人ほど建前が先に出てしまう。そうすると、

テーマ	コトバードに伝えたいこと

本当に？

・本当にあった！
・いままでもあったのかな？
・どうして
　気づかなかったんだろう
・みんな気づいているのかな？
・いまでもちょっとふしぎ

1つ選んだ内なる言葉

僕のなかにも
言葉があった！

それで？

・うれしかった
・ふしぎだった
・みんなに伝えたくなった
・頭のなかがすっきりした
・いろんな時に言葉が出て
・ちょっと変な感じ

なぜ？

・コトバードが気づかせてくれたから
・ありがとうって伝えたい
・無意識に言葉を使っていた
・どうして
　コトバードに出会ったんだろう？
・コトバードって何者？

どうして
そうなんだ
ろう？

本心が隠(かく)れてしまうんだ』

「確かにそうかも……」

僕が中心に入れた言葉は、僕の本音なんだろうか？　本当にそうなの？　と自分に質問しながら、左の枠を埋(う)めてみた。

『うんいいね。T字型思考法には、正解も間違いもない。だから、自分に質問して出てきた内なる言葉を書けばいいのさ』

「さっきと同じ言葉でも？」

『もちろん、何も気にする必要はないよ』

「よし、できたっ」

『最後に、下に向かって「なぜ？」と聞いてみよう』

「どうしてだろうって考えることは多いから、ここはやりやすいかもしれないな」

『確かにね。その時に真ん中から下に向かうだけでなく、さっき書き出した右と左の言葉についても、「なぜ？」と問いかけてみるといいよ』

「わかった、やってみる」

こんなに集中したのは久しぶりかもしれない。

自分に問いかけてみて、頭のなかで生まれた内なる言葉を書き出していく。いつもは使わない頭の部分を使っているような気がして、頭の奥(おく)が熱くなってきた。

いままでだったら、イヤになってやめてしまったり、投げ出していたかもしれない。でも、疲れるんだけど、大変なんだけど、自分の奥深くへと飛び込んでいくような気がして楽しくなってきたんだ。

「ふう……」

書き切れたかなと思った時、コトバードが僕にやさしく語りかけた。

『よくがんばったね』

「うん、ありがとう。ヘトヘトだよ」

『これが考えるってことなんだよ』

「考える？」

『そう、自分のなかに生まれた内なる言葉を中心に「その結果、何が起きるんだろう？」「それって本当なんだろうか？」「どうしてそうなんだろう？」って質問をしていったよね』

「うん」

『そうすることで、考えが広がったり、深まったりする。それが考えるってことなんだ』

コトバードは、はじめて会った日に言ってたっけ。考えることを考えるって。そのヒントが内なる言葉にあるんだって。

コトバードの言っていることが全部わかったわけじゃない。でも、僕の目の前にあるT字型の紙には、いままで考えつかなかったような言葉が並んでいる。お父さんやお母さん、学校の先生から「よく考えなさい」って言われるけど、よく考えるってことがどういうことなのかわからなかったし、その方法を誰も教えてくれなかった。

でも、コドバードに「これがよく考えるってことなんだよ」って言われた時、僕は何となく「あ、そういうことでいいんだ！」って感じられたんだ。

4

「内なる言葉」を組み合わせて、「外に向かう言葉」にしてみよう

『内なる言葉を書き出して、広げてみた。深めてみた。じゃあ、最後に使ってみよう』

「どうやって？」

『簡単だよ。**君がいま書いたT字型のなかの言葉を使って、話してみればいいだけさ**』

「たったそれだけ？」

『たったそれだけ！』

コトバードは自信たっぷりに、くちばしの先をピンと空に上げた。

『よく考えてみて。外に向かう言葉は、内なる言葉とつながっているって話したよね。もう君の目の前には、十分すぎるほどの内なる言葉があるじゃないか』

僕はもう一度、T字型のなかに書かれている言葉を見直してみた。集中して書いていたから、書くことに一生懸命になっていたから、この言葉が外に向かう言葉になるとは思っていなかった。

でも確かに、この言葉を使えば自分が言いたいことを伝えられそうな気がした。

『君がT字型のなかに書いた言葉は、外に向かう言葉のタネになるんだ』

「タネ？」

タネってことは、そこから根が生（は）える。木になって、葉っぱがついて、花が咲く。そんなイメージをしていると、コトバードは僕を急（せ）かすように話しはじめた。

『考えるよりも、やってみるほうが早いね。じゃあ、まず紙の両端を両手で持って。そして、目の前に広げてみて』

「こ、こう？」

『うん、いいね。じゃあいくよ？』

「えっ、いくよって何を？」

『君の気持ちを言葉にしてみるのさ』

「いきなり？」

『大丈夫、絶対にできるから。T字型のなかにある言葉を使いながら、30秒間、話をしてみるだけだよ』

「わ、わかったよ」

『1つだけルールを決めよう。僕がまず質問をする。今回だったら「君がコトバードに伝えたいことって何ですか？」ってね。そうしたら、まず真ん中にある言葉を読み上げよう。その先から、30秒間話し続けるんだ』

僕は少し緊張（きんちょう）して、黙ってうなずいた。

『じゃあいくよ。「君がコトバードに伝えたいことって何ですか？」、どうぞ！』

それから僕は、まず真ん中にある言葉を口にした。そして、T字型のなかに書いてある言葉を使いながら話しはじめた。30秒間、話し続けられるように。

それで何が起きたのか。本当にそうなのか。なぜそう思ったのか。

T字型のなかにある言葉を手がかりにしながら、僕は必死になって話を続けた。

するとどうだろう。たまにつまったりするけれど、自然と話ができているじゃないか！

いつもはあんなに頭がぐしゃぐしゃになってしまうのに。途中で何を話しているのかわからなくなってしまうのに。紙を見ながらだけど、話し続けることができていたんだ。

コトバードはやわらかい表情でこっちを見ている。

まだ30秒たたないのかな？

きっと30秒たったら教えてくれるにちがいない。

そう思いながら、僕は話を続けた。

しばらくすると、いよいよ話すことがなくなってきた。ひと通り話し終えたところで、僕はコトバードに質問した。

「もう30秒たったかな？」

『30秒？　もうとっくに１分たってるよ』

「えっ、１分も？　僕ひとりで１分も話してたの？」

『話してたとも。自分の気持ちをきちんと言葉にできていた。しかも、とてもわかりやすくね』

コトバードは芝生（しばふ）の上からさっと飛び立って、僕の肩に乗った。

『これが「言葉にできる」ってことだよ。わかったかな？』

「うん。最初は緊張したけど、落ち着いて話ができた気がするよ」

『君はきちんと話すことができていた。内なる言葉を書き出して、Ｔ字型で思いを育てたからね』

「素材をそろえて、下ごしらえをする」

『そう。そして、最後に外に向かう言葉にする』

「料理に仕上げる」

『それがきちんとできていた。すごい進化じゃないか！』

僕に足りなかったことがはっきりとわかった。話したり、書いたりする前の準備が足りなかったんだ。でも、今回は違っていた。内なる言葉があった。Ｔ字型思考法で広げたり深めたりした、たくさんの言葉があった。そのすべてが僕の味方になってくれたんだ！

5

大事なのは「内なる言葉」の語彙力

『どう、とっても気持ちいいでしょ？』

コトバードはやさしい声で僕に語りかけた。

「うん、とってもね。こんな気持ち、はじめてかもしれない」

『それはよかった。3つのステップを一緒に進めたかいがあったね』

「ありがとう、コトバード」

すると、コトバードは首を横に振った。

『いや、僕は何もやっていない。君は自分で、自分のなかにある内なる言葉の語彙力を引き出したんだから』

「語彙力？」

『聞き慣れない言葉だったかな。語彙力とは、どれだけ多くの種類の単語を知っているかだね』

「それは大事だよね」

『君の言う通り、語彙力はとても大事だ。ないよりも、あったほうがいい。でも、国語の辞書に載っている言葉をどんなにたくさん知っていても、その言葉をすぐに使うことはできないんだ』

「そうかもしれないね」

『でも、**君はいま、自分のなかにある内なる言葉の語彙力を増やし**

たよね。言い方をかえれば、自分のなかから出てきた語彙力さ』

「自分のなかから出てきた語彙力？」

『そう。自分のなかから出てきたから、外に向かう言葉としても使いやすいんだ。誰かと話す時にも、何かを書く時にもね』

「もともと、僕のなかにあったんだもんね」

『自分のなかにあっても、なかなか気づけないものなんだ。書き出したり、広げたり、深めたりしないとね』

「僕も、こんなにたくさんの言葉が自分のなかにあるとは思わなかったもん」

『でも、君は自分と向き合いながら、自分のなかに眠っていた言葉を引き出した。本当に立派なことだと思うよ』

　僕はちょっとうれしくなった。コトバードにほめてもらったからでもあるけど、本当は、自分のなかにたくさんの言葉があるってわかったからだ。

『今日はもう遅くなったから、話の続きはまた来週にしよう。それまでの間に、今日とは違うテーマで、3つのステップをやってみるといいよ！』

「ひとりでできるか不安だけど、やってみるよ」

『今日のことを振り返りながらやればできるはずさ。そうしたら、自分のなかから出てくる語彙力がもっと増えるからね。では、また来週！』

「来週は何を教えてくれるの？」

『それは来週のお楽しみさ。それじゃあ、またね』

そう言うと、コトバードは飛び立って行ってしまった。

さぁ、これから1週間で、どんなことについて考えてみようかな。

コトバードは、何だっていいって言っていた。

「お母さんに伝えたいこと」

「友達に言いたいこと」

「将来なりたい職業」

「やりたいと思っていること」

「いま悩んでいること」

「不安に思っていること」

「好きな子のこと」

わくわくしながら、僕は家へと急いだ。

1

言葉にするには、3つのステップがある。

2

1つ目は、内なる言葉を書き出すこと。
いったん頭の外に出してあげる。

2つ目は、書き出した内なる言葉の1つを中心に、
T字型で広げたり、深めたりする。

3つ目に、T字型で書いた言葉を使って、
30秒間話をしてみる。
内なる言葉を、外に向かう言葉に変換(へんかん)する。

やってみよう! T字型思考法

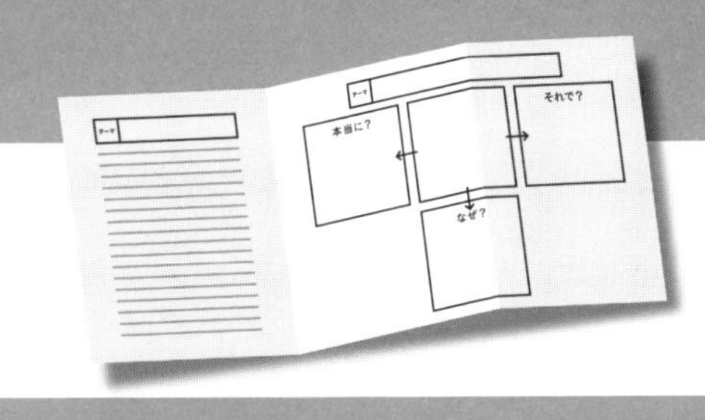

この本の最後のページにある
「T字型思考法シート」を
コピーして書いてみよう!

❶

テーマ	コトバードに伝えたいこと

内なる言葉を初めて知った

びっくり！　ふしぎ！

頭のなかがちょっとすっきりした

❷ 僕のなかにも言葉があった！

なんかうれしかった

話すことが恐くなくなった

❶ 考えるテーマを決めよう。

❷ ❶で書いたテーマを思い浮かべた時に
頭のなかに生まれる内なる言葉を書き出そう。
そして「これだ！」と感じた1つを選ぼう！

❸ ❷で選んだ言葉を❸の枠に書き写そう。

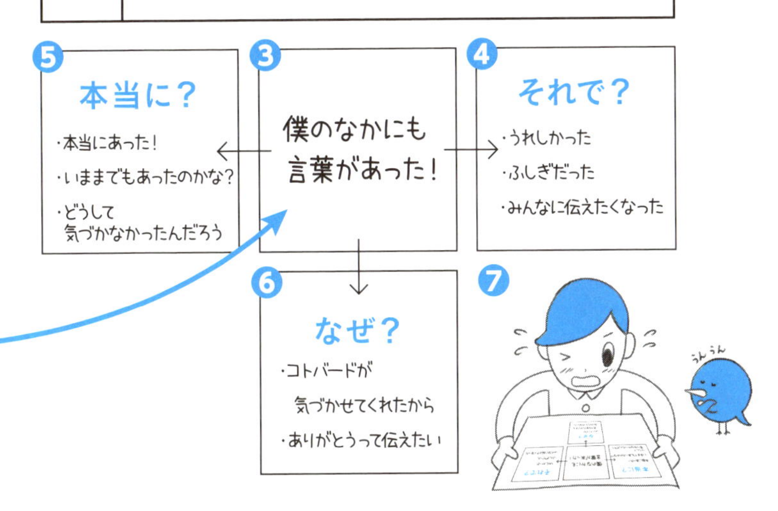

4 ❸に書き込んだ内なる言葉に
「それで？」と質問してみる。
その時に生まれる内なる言葉を書き出そう。

5 ❸に書き込んだ内なる言葉に
「本当に？」と質問してみる。
その時に生まれる内なる言葉を書き出そう。

6 ❸に書き込んだ内なる言葉に
「なぜ？」と質問してみる。
その時に生まれる内なる言葉を書き出そう。

7 T字型のなかにある言葉を使って
外に向かう言葉にしてみよう。

たとえば・・・

テーマ	コトバードに伝えたいこと

内なる言葉を初めて知った

びっくり！　ふしぎ！

頭のなかがちょっとすっきりした

僕のなかにも言葉があった！

なんかうれしかった

話すことが恐くなくなった

でもうまくいかないこともある

さっきもダメだった　くやしい

話したいことはたくさんあるのに

もしかしたらあせるとダメなのかも

うーん

もっとうまく伝えたい

コトバードと話したい

テーマ	コトバードに伝えたいこと

本当に？

- 本当にあった！
- いままでもあったのかな？
- どうして気づかなかったんだろう
- みんな気づいているのかな？
- いまでもちょっとふしぎ

僕のなかにも言葉があった！

それで？

- うれしかった
- ふしぎだった
- みんなに伝えたくなった
- 頭のなかがすっきりした
- いろんな時に言葉が出てくる
- ちょっと変な感じ

なぜ？

- コトバードが気づかせてくれたから
- ありがとうって伝えたい
- 無意識に言葉を使っていた
- どうしてコトバードに出会ったんだろう？
- コトバードって何者？

できるだけ
たくさん
書いてみよう！

例文

僕のなかにも言葉があったよ！ 気づかせてくれてありがとう。うれしかったし、いまもふしぎな感じがするよ。頭のなかがすっきりして、ちょっと気分がいいんだ。どうしていままで気づかなかったんだろうって思うよ。みんなも気づいていないなら教えてあげたい！ コトバードがいなかったら、ずっと気づかったのかもしれないね。本当にありがとう！

たとえば・・・

テーマ	お母さんに伝えたいこと

いつもありがとう！

大好き！

でも怒ると怖い

仲良くしたい

もっと遊んでほしい

お手伝いしたい

笑っていてほしい

抱きしめて！

いっしょに寝たい

怒らないでほしい

ほめてほしい

手をつなぎたい

たくさん話したい

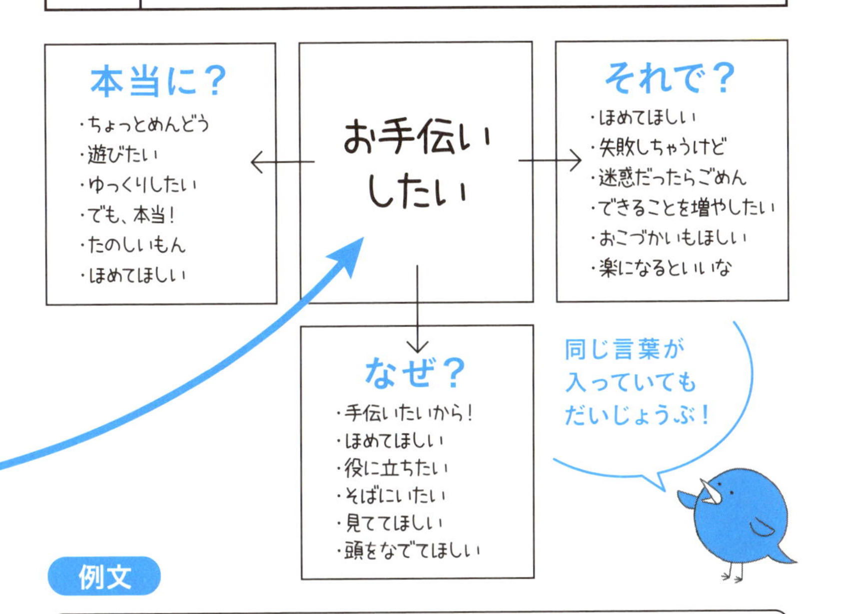

例文

僕はお母さんのお手伝いをしたいと思っているよ。ほめてほしかったり、おこづかいがほしいってこともあるけれど本当だよ。お母さんの役に立ちたい。そして、そばにいて、見ててほしい。頭をなでて抱きしめてほしい。だから僕はお手伝いをしたいのかもしれないな。失敗しちゃうこともあるけどさ。

たとえば・・・

テーマ	将来なりたい職業

サッカー選手

ユーチューバー

学校の先生

たのしい仕事をしたい

うーん

人の役に立ちたい

あんまり考えたことないなぁ

なりたい職業あるのかな？

お母さんみたいな人

いつも笑っている人

お父さんと同じ仕事！

仕事ってなんだろう？

よくわかんない

テーマ	将来なりたい職業

本当に？
・かっこいいなぁと思う仕事はある
・サッカー選手とか警察官とか
・みんなあるのかな？
・これだってものが見つかってないだけかも

あんまり考えたことないなぁ

それで？
・好きなことを見つけたい
・いろいろやってみたい
・どうやって仕事を決めるかお母さんに聞きたい
・やりたいことが見つかるといいなぁ

なぜ？
・ちょっと先のことだから
・まだこまらないから
・でも人の役には立ちたい！
・どんな仕事があるか知らないから？
・考えてみたくなった

浮かんだ内なる言葉を書き出すだけ！

例文

僕はまだどんな仕事をしたいか、わからないし、考えたこともなかった。でも、好きなことを仕事にしたいなって思う。まずは、いろんなことをやってみて、本当にやりたいことを見つけたい。かっこいいなぁ、って思う仕事はたくさんあるんだけどね。あとは、どんな仕事があるのかみんなに聞いてみて、人の役に立つ仕事についてもっと知りたくなったんだ！

内なる言葉は消しちゃダメ!

その消そうとしたキミの言葉、たとえいらないと思ったその言葉もキミの大切な内なる言葉なんだよ。それを全部書ききることが大事なんだよ。
だから消すのはオススメしないよ〜。

うんぬんかんぬん

T字型思考法シートは捨てちゃダメ!

その T字型思考法のシートがふえればふえるほどキミの内なる言葉が育った証だし、今書いたものが将来キミの武器になったり、考えが変わって過去のシートと見くらべたりできてより思考が深まるんだよ。だからシートはなるべくすてずにとっておくのがオススメなんだよ!

くどくど

第3章

考えぬかれた言葉は、君の強い味方になる

1
自分と向き合う時間をつくる

コトバードと別れてから１週間。僕はコトバードと約束した通り、いくつかのテーマを決めて、内なる言葉を書き出してみた。そして、Ｔ字型に広げたり深めたりして、紙に書いた言葉を読み上げながら、自分の気持ちを言葉にしてみた。

何の準備もしていない時に比べれば、何を話したらいいかわらなくなったり、頭のなかが真っ白になったりすることはなくなった。言葉につまることもなくなった気がする。

でも、なぜかまだ「こんなことでいいのかな？」と感じていた。言葉を話しているけれど、何かしっくりこないというか、うすっぺらい感じがしていた。

そんな気持ちを抱えながら、僕はコトバードと会うためにいつもの場所に向かっていた。

コトバードはまだ来ていないようだった。

木の枝を見ても、空を眺(なが)めても、コトバードの姿はなかった。

そうだ、コトバードが来るまで、この１週間で書き出した言葉を見直しておこう。

僕はそう思うと、カバンのなかから紙を取り出した。

書き出された内なる言葉。そして、「それで？」「本当に？」「なぜ？」と自分に質問をして、新しく生まれた内なる言葉が並んでいた。

僕はその言葉の１つひとつを眺めながら、「ふぅ」っとため息をついた。

『お、しっかりやってきてるね！』

「わぁ、びっくりした！」

さっと振り返ると、コトバードは葉っぱの陰（かげ）に隠れるようにして枝にとまっていた。そして、ベンチの背もたれの上に飛んできた。

『驚かせてしまってごめんね。僕を待っている間に、君が何をするのか知りたくて、ちょっと隠れていたんだ』

「意地悪なことをするなぁ」

『君はこの１週間でやってきた紙を見ていたけど、どうしてそうしたの？』

「そんなの決まってるじゃないか。コトバードと話すためだよ。どんなテーマで、どんなことをやってきたのかをね」

『時間を見つけて、復習していたわけだね』

「見つけてっていうか、時間があいちゃったから」

『えらい！』

僕は、コトバードが何に「えらい」と言っているのか、何をほめてくれているのか、さっぱりわからなかった。当たり前の言葉が並んでいるだけなのに。

『まず１つ言えることはね、紙に書き出した言葉がいいか悪いかは関係ないということさ』

「でも、これが外に向かう言葉になるんでしょ？　だったら大切じゃないか」

僕はまた、ちょっとイライラしてしまった。

コトバードに対してじゃない。

たぶん、自分になんだ。こんなことしか書けていない自分に。

『大切じゃないとは言わない。いいものであったほうがいい。でも、もっと大事なことがあるんだ』

「もっと大事なこと？」

『**そう、それは、自分と向き合う時間をつくることさ**』

「自分と向き合う時間？」

『君はこの１週間、いろんなテーマで内なる言葉を書き出してみた。そして、たったいまも、書いてきた内なる言葉を振り返ってみた。こ

うした自分と向き合う時間を取ることが大事なんだ』

「だって、約束したじゃないか」

僕はぶっきらぼうに答えた。

『約束したってできないこともある。宿題をしたり、友達と遊ぶ約束があったり。家族みんなで買い物に行ったり。眠くなったり、飽(あ)きてしまったりってこともね』

「まぁね」

『でも君は、時間をつくって、自分と向き合った。それがいちばん大事なことなんだ』

「さっきから言っている、自分と向き合うって、どういうこと？」

『そこからちゃんと説明しようか。自分と向き合うってことは、自分を知るってことなのさ』

コトバードは、また不思議なことを言いはじめた。

自分のことを知る？

自分のことは自分がいちばんよくわかっているに決まってるじゃないか。だって、僕は僕なんだから。

『いや、そうじゃない。**自分のことは、自分がいちばんわかっていないんだよ**』

「そんなことないでしょ。だって、僕は僕だよ」

『じゃあ質問をしよう。君はどうして、言葉が出てこないことがあるんだっけ？』

「えっと、それは……」

僕は、コトバードと話したことを思い出した。

言葉には、内なる言葉と外に向かう言葉があること。その２つの言葉は、僕のなかでつながっていること。そして、内なる言葉は、自分が何かを感じたり考えたりする時に、頭のなかに生まれる言葉だってこと。

そうか……。僕は僕の考えていたことをわかっていなかったんだ。

僕が内なる言葉を書き出したり、広げたりしながらやっていたのは、自分のなかに何があるかを知るためだったんだ。

振り返って見てみると当たり前の言葉ばかりだけれど、その瞬間(しゅんかん)は「こんな言葉が自分のなかにあったんだ！」って驚いたもんな。

『**そう、自分を知るために、自分と向き合う。その時間をつくることが大事なんだ。**そして、その時間をつくり続ける。それが気持ちを言葉にできるようになる近道なんだ』

2

ひとりに伝われば、みんなに伝わる

「ねぇ、コトバード。ちょっと質問してもいい？」

『もちろんだよ』

僕はここに来るまでの間に考えていたことを、コトバードに話してみた。

「きちんと準備をすると、言葉につまらなくなるのはよくわかったんだ。でもね、内なる言葉を使いながら外に向かう言葉にしようとすると、話せてるんだけど、なんか違うなって感じるんだよね」

『うん』

「なんか軽い感じがしてしまうっていうか」

『なるほど、それはとてもいい質問だね』

「どうして？」

『だって、言葉にはできてるんでしょ？』

「まっ、まあね」

『そのうえで、どうしたらいいかって質問だもんね』

「言われてみれば、そうだけどさ……」

『いいことを教えておこう。**言葉には「伝える」と「伝わる」というものがある**』

「伝えると伝わる!?」

『そう。伝えるっていうのは、誰かに話したり、何かを書いたりすること』

「うん」

『でも、伝えるだけでは、相手がわかってくれたとは限らない。そこで大事になるのが「伝わる」なんだ』

「相手にわかってもらえるかどうか……」

僕は思い出していた。

たくさん話をしているのに「何を言ってるかわからない」って言われた日のことを。友達だけじゃない。お父さんやお母さんにも。学校の先生にも。そして、すごく悲しい気持ちになって、ちょっと泣きそうになってしまったことを覚えている。

『君の悲しい気持ちはよくわかるよ。それが、伝えているのに、伝わっていないってことさ。でも、安心してほしい。頭のなかが整理されれば、「何を言っているかわからない」って思われることはなくなるはずだからね』

その時に感じた悲しさを思い出したら、また泣きたくなってしまった。僕はそのことに気づかれないように、うつむきながら首を縦に振った。

『君の質問は、その先のことだ。どうしたらもっと伝わるかってことでしょ?』

「うん」

『とっても簡単な方法があるから、試してみてほしい。**両手でT字型思考法の紙を持って話しはじめる前に、「あなたに伝えたいことが**

ある」って言ってみてごらん』

「そんなことで本当に変わるの？」

『やってみればわかるさ。「あなた」の部分には、話したい人の名前を入れてみるといいよ』

僕はやってみることにした。いちばん上に置いてあった「お母さんに言いたいこと」を手に取って、小さな声で話しはじめた。

「お母さんに伝えたいことがある。僕はお母さんのお手伝いをしたいと思っているよ。よく失敗しちゃうんだけどね。そうすれば、喜んでもらえるし、きっと助かるはずだから。本当はゴロゴロしたり、ゲームもしたいけど、でもやっぱりお手伝いをしたい。もちろんほめてほしいからってこともあるよ。でも本当はお母さんのそばにいたいからなのかなって思うんだ」

ちょっと時間をあけてから、コトバードはその小さな羽で拍手（はくしゅ）してくれた。

僕もびっくりしていた。だって、家でやってみた時と全然違ったから。

『それをお母さんに言ったら、きっと喜ぶはずだよ。伝えるだけじゃなくて、伝わるはず』

「僕もそんな気がしたよ」

『言葉で大事なことってね、相手のことを思い浮かべることなんだ』

「相手を思い浮かべる……」

『話す相手がいると、伝わるように話そうって思うからね』

「伝えたいって気持ちだね」

『その通り。**その伝えたいっていう気持ちが、紙に書き出した言葉に君の体温を与え（あた）ることになるのさ**』

体温のある言葉──。

家でやってみた時には、伝えたいって気持ちよりも、言葉を組み合わせて話そうとしか考えていなかった。

でも、さっきは違った。

「お母さんに伝えたいことがある」って言葉をつけただけなのに、目の前にお母さんがいるみたいに話すことができた。コトバードの言っていたように、あったかい体温のある言葉を話せたような気がする。

『大勢の前で話す時でも同じだよ。たったひとりに向かって、伝えたいって思って話すんだ』

「僕にはそんな機会ないよ」

『いまはそうかもしれない。でも、覚えておいてほしい。大勢の前で話すことがあったとしても、お母さんに伝えたいことがあると思って話したように、たったひとりのために話すように心がけるといいよ』

「でも、みんなに伝わらないと意味ないよね？」

『大丈夫。**ひとりに伝わることは、みんなに伝わるから**』

「そういうものなのかなぁ」

『そうさ、たったひとりのために話す。伝えたいと心から思う。その気持ちが、君だけの言葉を生むことにつながるんだから』

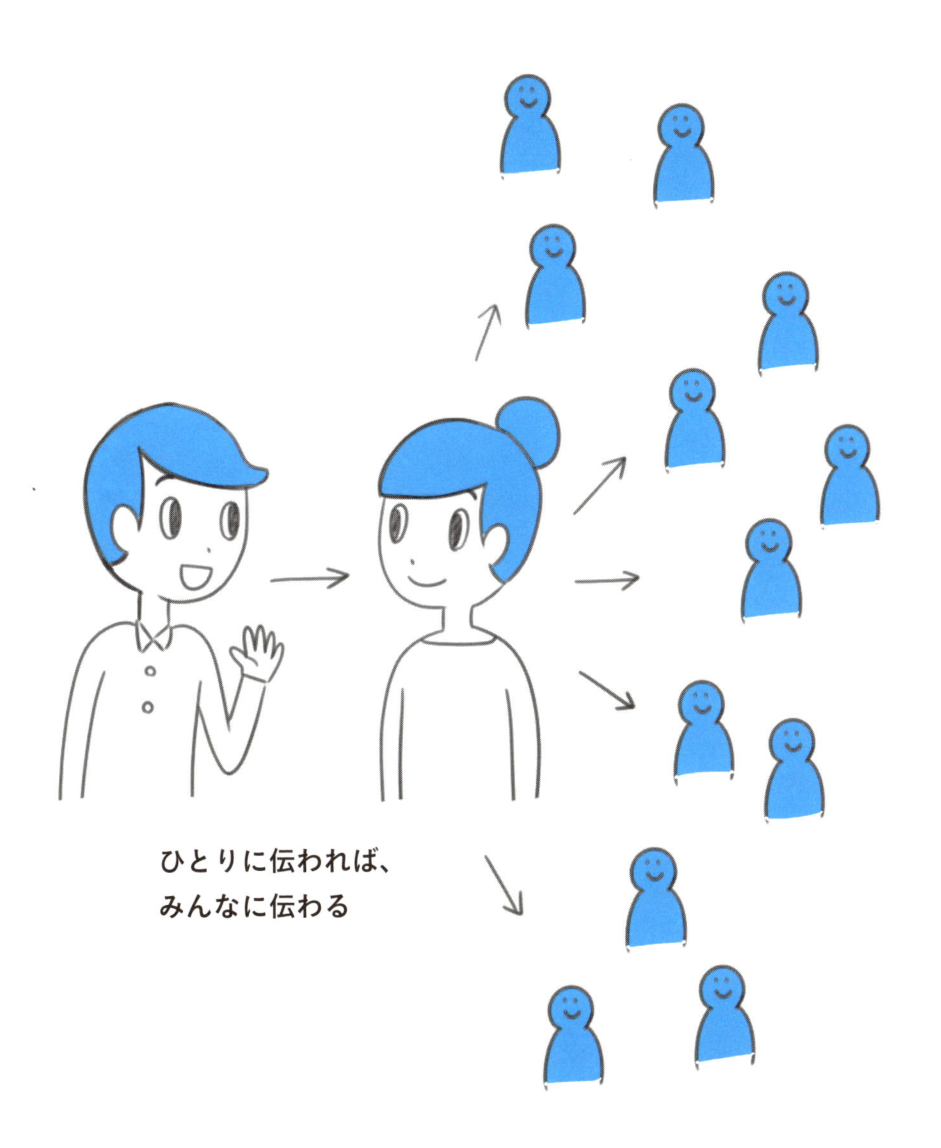
ひとりに伝われば、
みんなに伝わる

3
断言できるまで「内なる言葉」と向き合う

コトバードは言葉を続けた。

『あと、もう1つ大切なことがあるんだ』

「まだあるの？」

『本当に最後だから、聞いてほしい。それはね、言葉の終わりをあやふやにしないということなんだ』

「あやふやってどういうこと？」

『たとえば、こんなことはないかい。「なんだけどなぁ」とか「と思うんだけど」みたいに終わってしまうこと』

「僕は多いかもしれない」

『じゃあ、どうしてそうなってしまうかわかるかい？』

僕は自分の話し方を振り返ってみた。

友達と話している時も、お母さんやお父さんと話している時も。先生に指されて答える時も。いつも言葉の終わりがごにょごにょしてしまっていた。

その理由は、頭のなかがぐしゃぐしゃになってしまったり、途中で何を話しているのかわからなくなってしまうからだと思う。だから、言葉の終わりがごにょごにょしてしまうんだ。

『それって、自信がないってこと？　自分の意見に』

僕はコトバードの言葉を聞いてはっとした。

自分が何を考えているかわからないから、自分の意見に自信が持てない。だからだったんだ！　僕はコトバードの目をしっかりと見て、うなずいた。

『自分の意見に自信を持つって、とても難しいことなんだ。だからこそ、とても大切なことでもある。その方法は、もうわかるよね？』

「**自信を持てるようになるまで、しっかりと内なる言葉と向き合う**」

僕は何の迷いもなく、そう答えた。

『そう。そうすれば、自信は自然と生まれてくる』

僕は頭のなかでつぶやいた。

内なる言葉と向き合う。書き出す。そして、T字型に広げてみる。深めてみる。そうすれば、正しく考えることができるようになる。ちゃんと時間をつくって何度もやってみる。いろんなテーマでやってみる。そうすれば、きっと僕は自分の意見に自信を持てるようになるんだ。

『その通りさ』

コトバードはふわっと空に飛び立ち、僕の目の前にやってきた。羽をばたばたさせながら、話を続けた。

『君は、いま自分が考えていたことに自信を持っていいと思う。実際に、君の内なる言葉の終わりはごにょごにょしていなかった。きっちり言い切っていたね』

「コトバードにいろいろ教えてもらったからだよ」

『そんなことはないよ。**だって、自信は誰かからもらうものじゃなく、自分のなかから生まれるものだからね**』

「コトバードがほめてくれるから、ってこともあると思うけど」

『もちろんそうかもしれない。でも、僕がほめるのは、君がきちんとできているからさ』

コトバードと出会ってから、僕は少し変わったと思う。

自分の考えていることがわかるようになってきた。最初は安心だったり、不安がなくなるって感じたりすることが多かった。でも、本当は自分の意見や考えていることに自信を持てるようになってきたのかもしれない。

『いまの言葉、言い切ってごらんよ』

「言い切る？」

『**「と思う」とか「かもしれない」って言葉を使わないで、はっき**

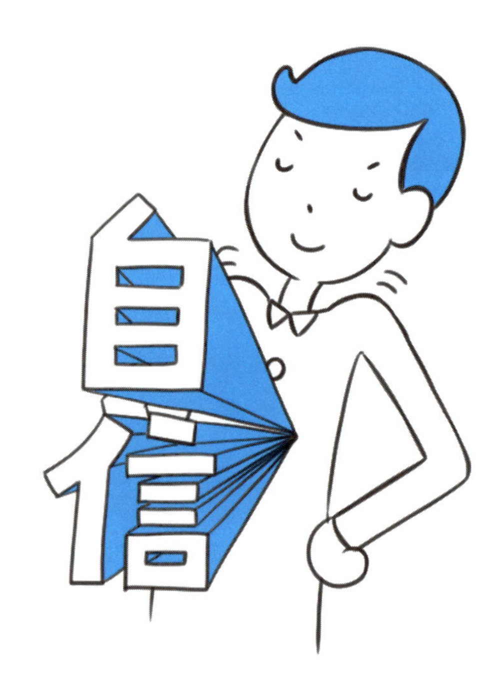

り言うんだ』

「うん」

僕は大きく息を吸った。

「コトバードと出会って、自分の考えていることがわかるようになってきた。最初は安心だったり、不安がなくなるって感じたりすることが多かった。でも、本当は自分の意見に自信が持てるようになってきたんだ！」

気持ちよかった。心のなかも、頭のなかも、すごくすっきりした。

そうだ、ちょっとだけだけど、自信が持てるようになったんだ。

こんな気持ちになったのは、本当にはじめてだった。うれしかった。涙が出そうだった。走り出したかった。

『内なる言葉を意識しながら、考えを進めていく。そして、自信を持って言い切ってみる』

「うん」

『もしも、言い切ってみて「言いすぎたかな」って思ったら、もう一度、考えを広げたり深めたりすればいいんだ。自信を持って言い切れるようになるまでね』

4

君の言葉は、自分を導く旗になる

『この２週間で、言葉の大切さについて理解できるようになってきたね』

「内なる言葉と外に向かう言葉」

『書き出して、T字型に広げる、深める。そして、言葉にしてみる』

「相手の顔を想像しながら、だったよね」

『そう、自信を持って』

「うん」

『その言葉が君にどんな素晴らしい未来を連れてくるかについて話をしよう。そうしたら、僕の役目は終わる』

「コトバードの役目？」

『そう、僕が君の目の前に現れた理由だよ。だから、しっかり聞いてほしい』

僕は思った。コトバードの話が終わったら、もう二度とコトバードに会えないかもしれないと。

さびしい。でも、しっかり聞かなくちゃ。

２つの気持ちが僕のなかに生まれていた。

『**１つ目は、君が考えぬいた言葉は、君自身の人生を導く旗になる**

ということ』

「旗？」

『そう、目印みたいなものだね。**そして2つ目は、その言葉に賛同（さんどう）するように仲間が現れること**』

「仲間……」

『友達じゃない。仲間だ』

友達じゃなくて、仲間。

僕は学校の友達のことを思い出した。仲のいい友達もいる。話が合わなかったり、苦手だったりする友達もいる。そのなかに仲間はいるのだろうか？　そして、僕のことを仲間だと思ってくれる友達はいるのだろうか？

『まずは、1つ目の話からはじめよう』

「旗だよね？」

『そう、君が考えぬいた言葉は、君自身の人生を導く旗になるってことだったね。じゃあ、質問をさせてもらうね』

「いいよ」

『君は将来、どんなことをしたいんだい？』

将来何をしたいか。

スポーツ選手になりたいって思っていた時もあった。

病院に行った時に、お医者さんになりたいって思ったことも。

街を守る警察官にもあこがれた。

でも、はっきりした理由があるわけじゃなくて、何となくそう思っていただけだったかもしれない。

『最初は何となくでもいいんだよ』

「まだ先のことだから､深く考えたことなんてなかった気がするよ」

『君だけじゃなくて、みんなそうさ。でもね、君は今日も、一歩ずつ未来に向かって歩いている。明日だって、明後日だってね』

「未来に向かって？」

『そうさ』

「でも、未来って勝手に来るものだよね。夜寝て、目が覚めたら明日になってるし」

『確かに時間は進んでいくから、未来は来てしまう。だけど、どんな一歩を歩み続けるかで、未来はまったく違うものになる』

「未来って、自分で選ぶものなの？」

『そう。**未来は君次第で、どうにでも変わっていく。その時に、考えぬかれた言葉は、君の大きな味方になってくれる**』

「言葉がどう関係するの？　もうちょっと詳しく教えてよ」

『内なる言葉をたくさん書き出すと、自分が思っていることや考えていることの輪郭がはっきりしてくる。定期的に時間をつくって、テーマを変えながら、T字型を使いながらね』

「うん、それがいまの僕だ」

『**そうするとね、次第に心の根っこに近づいていく**』

「心の根っこ？」

『そうさ。心の奥の奥にある、気持ちが生まれる場所』

僕は目を閉じて想像してみた。僕の心の奥にある、気持ちが生まれる心の根っこを。

でも、奥に進もうとしても、もやもやした霧みたいなものがあって、目の前が見えなくなってしまう。この霧を越えたら、もやもやの先に行ったら、心の根っこにたどり着ける気がするのに。

『そのもやもやは、自分の気持ちさ。自分ではまだわかっていない君の気持ち』

そうか、この霧を内なる言葉として、一回外に出してあげればいいんだ。そうしたら、もっと先が見渡せるはずなんだ。

『この2週間だけでもずいぶんと霧はうすくなっているはずだよ』

僕は手で霧をはらおうとした。すると一瞬(いっしゅん)目の前が晴れるんだけど、すぐに霧がもどってきてしまう。

『いまはまだ見えなくても大丈夫。でもいつか見えるよ、心の根っこが。そうしたら、君は本当に自分のやりたいことがわかってくるはずさ』

「そうだといいなぁ」

『不安になることも、焦ることもないよ。大事なのは、心の根っこが見えた時に、自分の本当の気持ちがわかった時に、言葉にしてみることなんだ。君のめざしたい未来がつまった言葉に』

「僕の言葉が、僕の未来の旗になるんだね」

『そうしたら、君の未来は必ず変わる。君が望むような未来にね』

遠くに大きな旗がはためいている。それが僕のめざす未来だ。

道はくねくね曲がっていたり、急な登り坂もある。でも、僕が旗を見失わなければ、旗の場所まで進んでいくことができる。どんなに大変な道のりでも、疲れて立ち止まってしまっても。

本当にその未来に向かっていきたいと思っているのなら！

5

さぁ、高らかに「この指とまれ」をしよう

『でも、その道はひとりじゃ進めないかもしれない』

コトバードの言う通りだった。遠くに旗は見えているけれど、僕ひとりの力ではたどり着けない気がする。もしかしたら途中(とちゅう)で諦(あきら)めてしまうかもしれない。

『そこで大事になるのが、仲間の存在さ』

「仲間……」

『そう、困った時に本音で相談できたり、助けてくれたりする仲間がね。もちろん、相手が困っている時には、君が仲間になってあげるんだ』

道が2つに分かれていたら、相談して行き先を決めて、前に進む。

足が疲れてしまったら、手を握(にぎ)って励(はげ)ましあいながら前に進む。

そんな仲間がいたら、なんて心強いんだろう！

でも、ふと我に返った。いまの僕にはそんな仲間はいない。もしかしたら、親友と言える友達もいないかもしれない。

『ねぇ……』

コトバードがやさしくつぶやいた。

『**君が心の根っこにたどり着いて、本当の気持ちを言葉にした時、きっと仲間は現れる。だから心配なんてしなくていいよ**』

「僕にもできるのかな、そんな仲間が」

『できるに決まってるとも。でもね、どんなに仲間を探そうと思っても、仲間は見つからないものなんだ』

「難しいね」

『大事なのは、本当に思っていることにたどり着いて、言葉にすることさ』

「うん」

『そして、その言葉を大声で叫(さけ)ぶんだ』

「大声で？」

『心の根っこが見つかれば、自信を持って言えるでしょ？』

「そうか、自信があれば大声で叫べる」

『そうしたら、君を応援(おうえん)したいと思う人が、勝手に集まってくれる』

　僕はまた想像した。大きな声で叫んでいる自分の姿を。いままで出したことなんてないくらい、大きな声で。僕がどんなことを叫んでいるかは聞こえない。でも、心の底から言いたいことを、精一杯(せいいっぱい)大きな声で叫んでいる。

　そうしたら、遠くから近づいてくる人影(ひとかげ)が見えた。

　でも、たったひとりだった。

『仲間はひとりいれば十分さ』

　彼はゆっくりだけど僕のほうに歩いてきている。

『**人差し指を立てて、腕を高くあげて言ってみてごらん。「同じ未来をつくってくれる人、この指とまれ！」って**』

　手のひらに目をやった。

　僕の手のひらは、とても小さく、頼(たよ)りないように思えた。

でも僕は勇気を振(ふ)り絞(しぼ)って、グッと握りこぶしをつくって、右手の人差し指を立てた。そして、腕を振り上げた。

「同じ未来をつくってくれる人、この指とまれー！」

彼は少し早歩きになった。そして、走り出した。

すると、息を切らしながら僕の人差し指をつかんで言ったんだ。

「僕も同じ気持ちだから……。仲間になるよ」

仲間……。友達でも、親友でもない。

はじめて会ったのに。僕のことなんて何も知らないのに。

『君のことを知らなくても、君の言葉に本心がつまっているなら、それだけで仲間は生まれる。すぐに仲良くだってなれるはずさ』

「ねぇ、コトバード」

僕は、目を閉じたまま自然と話していた。

「**言葉って、言葉じゃないんだね**」

『**そうさ、言葉は言葉じゃない。言葉は気持ちなんだ**』

「だから僕は、自分の気持ちを知らなきゃいけない。気持ちを育てなきゃいけない」

『内なる言葉を意識しながらね』

僕はぱっと目を開けて、コトバードのことをまっすぐに見つめた。

『もう、僕から君に教えることは何もなさそうだね』

僕の心臓は、思いきり走った後のようにバクバクしている。

コトバードが消えてしまう。もう二度とコトバードと会えなくなってしまう。

『不安になることはないよ。僕はずっと君のそばにいるから』

「でも、もう会えないんでしょ？」

それ以上、話すと、泣いてしまいそうだった。

『そんなことはないよ。だって、僕が住んでいるのは、君のなかなんだから』

「えっ、僕のなか？」

『そうとも。いままでだって僕はずっと君のなかにいたし、これからも君のなかにい続ける』

「どういうこと？」

『君のなかにも言葉がある。そのことに気づいてほしくて、君の前に出てきたんだよ。だからここで話をした後も、君に気づかれないように、君のなかにある僕の巣に帰っていたんだ』

「ずっと一緒だったんだ……」

僕のなかに、コトバードがいる。

僕のなかに言葉があることを教えるために、出てきてくれた。

そう思うと、僕のなかにコトバードに伝えたいことがあふれてきた。

「ねぇ、コトバード」

『なんだい？』

そして、僕は大きく息を吸って、話したんだ。

「僕がコトバードのことを、大きく成長させるよ。そうしたら、コトバードはこの広い空を自由に飛んでいけるもんね。僕、やるよ！」

すると、コトバードはうれしそうに返事をした。

『ありがとう、僕はひとりでは大きくなれない。君の力が必要なんだ。僕たちは、仲間同士だね』

「うん。仲間だ」

『それと……』

「え、何？」

『太り過ぎると飛べなくなるから、ほどほどに頼(たの)むよ』

僕は大きな声で笑った。コトバードも大きな声で笑った。

そして、いつの間にか、コトバードの笑い声は僕のなかで鳴り響(ひび)いていた。

もうコトバードと会えなくても大丈夫だ。何も心配することはない。だって、僕のなかにコトバードはいるんだから。

僕はしばらく、コトバードと語り合ったベンチに座っていた。

また不安になることがあったら、ここに来よう。そして、目を閉じて、僕のなかにいるコトバードと話し合おう。そうしたら、この２週間で教えてもらったことを、思い出せるはずだから。

『いつだって、構わないよ』

僕のなかからコトバードのやさしい声がした。

おわりに

最後まで読んでくれてありがとう。

きっと「何から手をつければいいかわからない言葉」というものの正体が、ちょっとだけわかるようになったんじゃないかな。

言葉は言葉でしかない。大事なのは、君の気持ちだ。その気持ちを伝えるために言葉は存在している。だから、書いたり話したりする前に、自分と向き合うことが大事なんだね。そう、内なる言葉を意識しながら。そうすれば、君の外に向かう言葉は、きっといまよりももっと多くの人から理解されるようになるはずさ。

では最後に、この本を書いている僕と多くの仲間たちについて話をしよう。

はじめまして。梅田悟司（うめださとし）です。ふだんは広告をつくる会社に勤（つと）めていて、コピーライターという仕事をしている。コピーライターは、コピー（言葉）をライティングする（書く）仕事だ。

新しい商品が発売される時に、商品のいいところをどういう言葉で伝えたら伝わるか。みんなが普段買っている商品を、もっとたくさんの人に知ってもらうためには、どんな言葉が必要か。

こういったことを考えるのが僕の仕事なんだ。テレビCMや看板で、僕の書いたコピーを見たことがある人もいるかもしれない。

だから僕は、いつもいつも、言葉について考えている。
そこで、ふと思いついたんだ。

もしかしたら、僕が仕事でおこなっている「考えていることを言葉にする方法」って、多くの人の役に立つんじゃないだろうか？

そこで僕は、2016年8月に『「言葉にできる」は武器になる。』という本を書いた。本を1冊書ききるのは、本当に大変なことなんだ。それこそ、家族が寝た後も、みんなが起きる前にも、ずっと原稿（げんこう）を書いていた。内なる言葉を意識しながら、外に向かう言葉を紡（つむ）いでいったんだ。

書きはじめてから、最後の修正が終わるまで、期間にすると6か月くらいかかったかな。一文字一文字（ひともじひともじ）「ちゃんと伝わりますように！」って願いながらね。

発売日に書店に行くと、自分が一生懸命書いた本が、棚（たな）に並んでいた。その日のことは、いまもよく覚えている。時間がたつと、本を読んでくれた人のコメントが届きはじめた。

「自分の気持ちを言葉にできる方法を知れてよかったです！」
そんなうれしい声がね。
そして、僕はまた思いついた。

もしかしたら、「考えていることを言葉にする方法」の大切な部分だけをもっとわかりやすく書けば、世界中の人たちのために、特に子どもたちのためになるかもしれない！

そう思ったら、僕は居ても立ってもいられなくなって、この考えを家族や仲間たちに話してみた。そうしたら、多くの大人たちが「それはぜひやるべきだ！」「協力したい！」って言ってきてくれたんだ。

やっぱり、言葉にするって大切だね。自分ひとりではできないことも、仲間が助けてくれるようになるんだから。君がいま手にしているこの本は、君の味方である大人たち全員の思いの結晶でもあるんだよ。

この本を読んで、そして実際にやってみて、「なかなか言葉が出てこない」「考えているのに、いざ話そうとすると頭がこんがらがってしまう」という悩みが消えるといいなと、僕たちは心の底から思っている。

そして、その悩みを乗り越えて、思いっきり自分の意見や気持ちを、みんなに伝えてほしい。思いのすべてを言葉にしてほしい。その役に立てるならば、僕たちは本当にうれしいし、この本をつくったかいがあると思えるんだ。

2018年6月

梅田悟司

梅田悟司（うめだ・さとし）

1979年生まれ。大学院在学中にレコード会社を起業後、広告会社へ入社。マーケティングプランナーを経て、コピーライターに。広告制作の傍ら、新製品開発、アーティストへの楽曲提供など幅広く活動。直近の仕事に、ジョージア「世界は誰かの仕事でできている。」のコピーライティングや、TBSテレビ「日曜劇場」のコミュニケーション・ディレクターなどがある。CM総合研究所が選ぶコピーライターランキングトップ10に2014年以降4年連続で選出される他、国内外30以上の賞を受ける。著書に『「言葉にできる」は武器になる。』『企画者は3度たくらむ』『捨て猫に拾われた男』（日本経済新聞出版社）など。横浜市立大学客員研究員、多摩美術大学非常勤講師。

気持ちを「言葉にできる」魔法のノート

2018年7月9日　1版1刷

著　者　梅田悟司

©Satoshi Umeda, 2018

発行者　金子　豊

発行所　日本経済新聞出版社
https://www.nikkeibook.com/
東京都千代田区大手町1-3-7　〒100-8066
電話（03）3270-0251（代）

印刷・製本　凸版印刷
本文組版　マーリンクレイン
装丁・イラスト　夏来怜

ISBN978-4-532-32212-0

本書の内容の一部あるいは全部を無断で複写（コピー）することは、
法律で認められたの場合を除き、著者および出版社の権利の侵害となりますので、
その場合にはあらかじめ小社あて許諾を求めてください。

Printed in Japan